AF498268

SCARAMOUCHE

OU

LA STATUE DU COMMANDEUR,

PANTOMIME EN DEUX ACTES, A GRAND SPECTACLE,

Représentée, pour la première fois, sur le Théâtre de
la Porte-Saint-Martin, le 19 Août 1826.

PRIX: 30 CENT.

PARIS,

CHEZ QUOY, LIBRAIRE,

ÉDITEUR DE PIÈCES DE THÉATRE,

Boulevard Saint-Martin, n° 18.

1826.

| PERSONNAGES. | ACTEURS. |

Don GUZMAN, gouverneur de Valence, M. JEMMA.
Don FERNAND, amant de dona Anna, M. HYPOLITE.
Don JUAN   M. ANIEL
Don ANTONIO,   M. BLANCHARD.
Don PERÈS,   amis de don Fernand.   M. LÉOPOLD.
PEDRILLO, valet de don Guzman   M. DUMAS.
SCARAMOUCHE, valet de don Juan,   M. PARSLOE.
MAZANIELLO, pêcheur,   M. HERET.
GOMEZ, jeune pêcheur,   M. ALLARD.
Dona ANNA, fille de don Guzman,   Mlle STÉPHANIE.
ISABELLE,   suivantes de dona Anna,   Mlles CŒLINA.
INÈS,   ÉMILIE.
CATHERINE,   filles de Mazaniello,   Mes ALEXIS.
VILLETTA,   MIMI DUPUI
JULIA, jeune paysanne,   Mlle LOUISE.
REZILLA, sa grand'mère,   Mlle GRACIENNE.
PÊCHEURS, PAYSANS, PAYSANNES.
Ombres des femmes victimes de don Juan.
Génies infernaux.

La Scène se passe à Valence, en Espagne.

Paris, le 3 Août 1826. Par ordre de S. Exc.,

Le Chef du bureau des Théâtres,

COUPART.

Paris, de l'Imprimerie de CHASSAIGNON, rue Git-le-Cœur N°.7.

SCARAMOUCHE,

ou

LA STATUE DU COMMANDEUR.

ACTE PREMIER.

Le Théâtre représente une Place publique de Valence ; à gauche, la maison du Gouverneur.

SCÈNE PREMIÈRE.

Don JUAN, SCARAMOUCHE.

Don Juan, enveloppé d'un grand manteau, entre en scène, suivi de son valet Scaramouche ; il cherche les moyens de s'introduire dans le palais de don Guzman, et après plusieurs tentatives sans succès, il paraît renoncer à son projet. Il s'aperçoit que la croisée du balcon est ouverte. C'est celle de l'appartement de dona Anna ; il ordonne à Scaramouche d'aller chercher une échelle ; mais ils entendent les pas de quelques personnes qui se dirigent de leur côté, et de peur d'être surpris, ils se mettent à l'écart.

SCÈNE II.

Don FERNAND, *précédé de Domestiques avec des torches*

Don Fernand envoie un domestique prévenir don Guzman de son arrivée.

SCÈNE III.

Les Mèmes , don GUZMAN.

Fernand apprend à don Guzman qu'il vient pour lui demander sa fille en mariage ; celui-ci est enchanté et lui accorde la main de dona Anna. Ils vont rentrer , lorsque dona Anna arrive suivie de ses femmes.

SCÈNE IV.

Les Précédens , dona ANNA et ses Suivantes.

Don Guzman présente à sa fille don Fernand comme son époux ; surprise et douleur de cette dernière.

SCÈNE V.

Les Mêmes, don JUAN et SCARAMOUCHE.

Don Juan apprend la nouvelle du mariage de dona Anna et cherche à déguiser sa colère. Dona Anna remet à Scaramouche une lettre pour son maître et paraît résignée à son sort.

(*Tout le monde s'éloigne.*)

SCÈNE VI.

Don JUAN et SCARAMOUCHE.

Scaramouche remet la lettre à son maître. C'est le dernier adieu de dona Anna. Don Juan est furieux. Mais il sait qu'il est aimé et veut pénétrer chez sa maîtresse ; il entre dans la maison à l'aide d'une échelle que lui apporte Scaramouche.

SCÈNE VII.

Scaramouche, seul d'abord, attend son maître ; tout à coup un grand bruit se fait entendre. Don Juan reparaît à la fenêtre ; Scaramouche l'aide à descendre ; les domestiques de don Guzman se présentent à la fenêtre avec des flambeaux, et don Guzman lui-même sort de chez lui, l'épée à la main, pour punir le séducteur de sa fille ; il attaque don Juan , qui le blesse en se défendant, et se sauve avec son valet, à l'approche des domestiques de don Guzman.

SCÈNE VIII.

Don GUZMAN, ANNA, PEDRILLO, Domestiques.

Dona Anna, éplorée, sort de la maison au moment où les domestiques soutiennent son père; celui-ci l'accuse; elle se justifie et se jette à ses genoux. On l'emporte.

SCÈNE IX.

Don JUAN, SCARAMOUCHE.

Ils reviennent sur leurs pas; ils indiquent qu'ils n'ont pu se sauver de ce côté; ils traversent le théâtre et disparaissent.

SCÈNE X.

Don FERNAND, ANTONIO, PERÈS et Musiciens.

Ils vont donner une sérénade; Pedrillo vient leur annoncer la mort de don Guzman ; don Fernand renvoie les musiciens et entre dans la maison avec ses amis.

SCÈNE XI.

Le Théâtre change et représente le bord de la mer : à droite et à gauche, des cabanes de pêcheurs.

MAZANIELLO, Pêcheurs.

Mazaniello donne des ordres à des pêcheurs qui racommodent des filets. Il s'approche ensuite d'autres pêcheurs qui sont dans une barque, et leur commande de tout préparer pour aller à la pêche. Il va s'embarquer.

SCÈNE XII.

Les précédens, Don JUAN.

Don Juan arrive, inquiet, agité comme un homme poursuivi par la Justice. Il fait avec Mazaniello un marché pour être conduit sur le champ loin de ces lieux. Il s'embarque en effet avec les pêcheurs et disparaît bientôt.

SCÈNE XIII.

Scaramouche, effrayé et cherchant son maître, accourt vivement. On lui apprend le départ de don Juan. Il veut le suivre : les pêcheurs qui sont restés lui demandent de

l'argent; il feint de leur en donner. Ils se fâchent, le mal-
traitent; mais il leur échappe, saute dans une barque,
et s'éloigne seul, malgré leurs cris et leurs menaces.

SCÈNE XIV.

CATHERINE, VILLETTA, Pêcheurs, ensuite MAZANIELLO.

Catherine et Villetta sortent de la cabane de Mazaniello.
Elles se disposent à travailler à différens ouvrages. Mazaniello revient au moment où un orage éclate : il veut faire
rentrer ses filles ; mais on aperçoit la barque où est don
Juan : balottée par les flots, elle court le plus grand dan-
ger. Tous les pêcheurs accourent avec leurs femmes, et l'on
s'empresse à secourir don Juan.

SCÈNE XV.

Les Précédens, Don JUAN.

Les efforts des pêcheurs ne sont point inutiles. La barque
s'approche du rivage ; on en retire don Juan dans un état
de fatigue et de faiblesse qui lui ôte presque l'usage de ses
sens. On lui prodigue des soins ; il revient à lui : Mazaniello
et ses filles l'engagent à venir prendre du repos dans leur
cabane. Il se rend à leur invitation, et les autres pêcheurs s'éloignent.

SCÈNE XVI.

SCARAMOUCHE, ensuite deux Pêcheurs.

Scaramouche paraît sur les flots ; il parvient à terre,
et parcourt le théâtre en imitant l'action d'un homme
qui nage. Deux des pêcheurs, qui étaient restés l'aperçoivent et lui prêtent assistance ; mais il continue à faire
le simulacre d'un homme nageant : les pêcheurs l'emportent
tandis qu'il continue son lazzi.

SCÈNE XVII.

CATHERINE, DON JUAN.

Le calme a remplacé l'orage. Catherine sort de la cabane
de son père, et, déjà préoccupée de l'impression que don
Juan a fait sur elle, se place devant un rouet qu'elle a ap-
porté, et va travailler dans l'espoir de se distraire.

(7)

Don Juan, qui a revêtu un des habits de Mazaniello, profite du moment où Catherine est seule. Il lui parle de l'amour qu'il ressent pour elle, et emploie toutes ses ressources pour la séduire.

Catherine doute d'abord de sa sincérité; mais elle cède peu à peu au charme qui l'entraîne vers don Juan.

SCÈNE XVIII.

Les Précédens, MAZANIELLO, VILLETTA.

Villetta sort de la cabane et remarque ce qui se passe entre don Juan et sa sœur.

Mais Mazaniello, qui suit de près sa jeune fille, empêche toute explication. Il dit à don Juan qu'il va chasser, et l'engage à attendre son retour.

SCÈNE XIX.

Les Précédens, SCARAMOUCHE, deux Pêcheurs.

Scaramouche, conduit par les pêcheurs qui l'ont secouru, fait éclater sa joie en retrouvant son maître. Mazaniello ordonne qu'il soit bien traité. On l'emmène dans la cabane du pêcheur, et Catherine y entre avec lui pour exécuter les ordres de son père. Celui-ci s'éloigne, et pendant ce temps don Juan retient Villetta.

SCÈNE XX.

VILLETTA, DON JUAN.

Don Juan cherche aussi à la séduire par des propos galans. Villetta repousse ses protestations de tendresse, en lui disant qu'il en a juré autant à sa sœur; mais don Juan réussit à l'éblouir par les promesses les plus brillantes. Elle cède à leur appât et finit par danser avec lui.

SCÈNE XXI.

Les Précédens, CATHERINE.

Catherine revient. Elle est surprise de voir don Juan et Villetta. La jalousie agit également sur le cœur des deux jeunes filles. Elles se disputent les hommages de don Juan , dont l'embarras devient extrême. Il saisit un prétexte et laisse Catherine et Villetta à toutes leurs prétentions.

SCÈNE XXII.

CATHERINE , VILLETTA, SCARAMOUCHE.

Au milieu du débat des jeunes filles, Scaramouche sort de la cabane. Catherine et Villetta lui demandent dans quel lieu son maître veut les conduire, et quel sort il leur réserve. Scaramouche répond qu'il leur destine une part dans son affection ; et, déroulant une longue liste des maîtresses de don Juan, il leur dit que si elles se conduisent bien, il placera leurs noms à la suite des autres Les jeunes filles, désabusées, témoignent toute leur surprise.

SCÈNE XXIII.

Les Précédens , DON JUAN.

Don Juan revient en ce moment.

Il s'aperçoit du changement de Catherine et de Villetta , en soupçonne la cause, et menace Scaramouche de le punir de son indiscrétion. Effroi de Scaramouche.

SCENE XXIV.

Les Précédens , une Nôce.

Heureusement pour lui, l'attention de don Juan est détournée par l'arrivée d'une noce. Le marié, la mariée, la grand'mère de celle-ci et leurs amis viennent se réjouir après la célébration du mariage. Ils forment des danses , auxquelles se mêlent Catherine et Villetta. Vers la fin du ballet, la jeune mariée sort un instant, et don Juan la suit en secret. De son côté, et d'après les ordres de son maître , Scaramouche s'attache à la vieille grand'mère, et lui fait la cour.

Tout-à-coup le ballet est interrompu par des cris ; on court du côté d'où ils partent. La grand'mère de la mariée accourt, et apprend que don Juan vient d'enlever sa petite-fille. L'époux de celle-ci témoigne la plus vive indignation, et court sur les pas du ravisseur. Il est suivi de quelques amis. Bientôt il revient avec elle, tandis que les pêcheurs ramènent don Juan qu'ils veulent maltraiter.

Mazaniello reparaît dans cet instant, et apprend la conduite de don Juan. Il partage la fureur de ses amis, et ordonne à don Juan de se retirer : celui-ci résiste d'abord. Le jeune marié s'empare du fusil de Mazaniello, et couche en joue don Juan ; quelques paysans font des efforts pour le retenir, et Mazaniello protège la retraite du coupable.

Pendant ce temps, Scaramouche veut séduire la vieille grand'mère ; celle-ci se débarrasse de ses mains, et il s'enfuit de son côté.

FIN DU PREMIER ACTE.

ACTE SECOND.

Le Théâtre représente l'intérieur d'un édifice gothique. Une statue équestre s'élève au milieu, avec cette inscription : A la mémoire de D. Guzman. *Il est nuit.*

SCENE PREMIÈRE.

Dona ANNA, ses Suivantes, ses Amis, etc.

Dona Anna, ses amis et ses domestiques entourent la statue et rendent de pieux hommages au souvenir de don Guzman. Elles s'éloignent après avoir rempli ce devoir.

SCENE II.

Don JUAN, SCARAMOUCHE.

Don Juan entre en scène. Il est fortement agité. Scaramouche le suit avec frayeur.

Ce dernier aperçoit le mausolée de don Guzman et le fait remarquer à son maître, qui, bien loin d'être touché de remords, regarde la statue avec dédain et ordonne à Scaramouche de lire l'inscription tracée sur le piédestal. Scaramouche obéit en tremblant ; sa peur redouble lorsque l'inscription, changeant tout à coup, présente ces mots eu lettres de feu :

SI LES VIVANS ONT ÉPARGNÉ LE CRIME,
C'EST A LA MORT A LE PUNIR.

Mais la terreur de Scaramouche est au comble en voyant la statue qui lui fait un signe de tête et dont les regards le suivent partout. Il expose à don Juan les motifs de sa crainte ; mais, au lieu de la partager, don Juan se moque de ce prodige, et commande à son valet d'inviter la statue à venir souper ce soir chez lui. Scaramouche, malgré sa répugnance, est contraint d'exécuter cet ordre. La statue, en baissant la tête, annonce qu'elle accepte l'invitation. Scaramouche épouvanté se hâte d'en prévenir son maître. Celui-ci s'approche à son tour du monument, renouvelle lui-même son invitation, et reste convaincu du fait par trois mouvemens de tête de la statue. Il se trouble ; mais bientôt il se rend maître de son agitation et sort en bravant tout ce qui peut lui arriver. Scaramouche le suit en témoignant la plus grande terreur.

SCÈNE III.

Don JUAN.

Le Théâtre change et représente une chambre dans un hôtel.

Don Juan entre seul. Il est livré à des réflexions qui le tourmentent, mais qu'il chasse bientôt pour revenir à son caractère.

SCÈNE IV.

Don JUAN, Un Domestique.

Don Juan donne au domestique les ordres pour l'apprêt d'un grand repas, auquel il a convié beaucoup de monde. Le domestique s'empresse d'obéir et sort.

SCÈNE V.

Don JUAN, SCARAMOUCHE.

Scaramouche vient annoncer à son maître l'arrivée des musiciens, des danseurs et des convives. Don Juan lui commande de les faire entrer, et les reçoit successivement avec une politesse noble, tandis que Scaramouche égaie cette espèce de cérémonie par ses lazzis. Sur l'invitation de don Juan, tout le monde passe dans l'appartement voisin.

SCÈNE VI.

SCARAMOUCHE, la vieille Paysanne.

Scaramouche resté seul, va chercher dans l'antichambre la vieille paysanne qu'il a enlevée. Il lui propose de la mener à la fête donnée par son maître, et même de l'y faire danser : la vieille refuse.

SCENE VII.

Les Précédens, Don JUAN.

Don Juan vient chercher son valet. Celui-ci veut cacher la vieille aux regards de son maître et se place devant elle. Don Juan, remarquant cette précaution, croit que Scaramouche lui dérobe la vue d'une jolie femme; il s'approche d'elle, en éloignant son valet, et bientôt, détrompé à l'aspect de la vieille, il sort en témoignant le plus profond dédain pour elle.

Cependant la vieille, qui a reconnu don Juan pour le ravisseur de sa fille, éprouve une vive frayeur et se trouve mal.

SCENE VIII.

SCARAMOUCHE, La Vieille.

Scaramouche s'efforce de ranimer la vieille. Après plusieurs tentatives inutiles, elle reprend tout-à-coup ses sens. Scaramouche continue à vouloir la mener danser ; mais elle le repousse en colère et sort brusquement par l'antichambre, tandis que Scaramouche va rejoindre son maître.

SCENE IX.

*Le Théâtre change et représente un riche salon. Une
table est préparée pour le festin.*

Don Juan entre avec ses convives auxquels il prodigue
les prévenances. Quelques dames s'asseient à table; les autres
dansent.

Scaramouche, qui s'est emparé d'un plat, se place sur une
petite chaise, au bord du théâtre. Il s'apprête à manger ; on
entend frapper à la porte avec grand bruit : don Juan ordonne à Scaramouche d'aller voir ce que ce peut-être. Scaramouche qui se dérange à regret, va lentement auprès de
la porte et revient dire à son maître qu'il n'y a personne. Il
se rassied sur sa petite chaise et les danses continuent; mais
bientôt on entend frapper de nouveau : don Juan en colère
ordonne à Scaramouche d'aller ouvrir. Ce dernier sort en
effet, et rentre aussitôt dans la plus grande agitation. Don
Juan alarmé prend un flambeau, et va s'assurer lui-même
de ce qui a pu causer l'effroi de Scaramouche.

Don Juan rencontre à la porte la statue de don Guzman :
les convives effrayés fuient avec précipitation, et Scaramouche se cache sous la table.

SCENE X.

La Statue, Don JUAN, SCARAMOUCHE.

Don Juan, rappelant son sang-froid, guide la statue, qui
s'approche de la table, et y prend place. Don Juan s'assied
en face d'elle, et l'engage à prendre part au repas : elle refuse. Don Juan lui offre à boire ; elle refuse encore. Don
Juan boit le vin en signe de bravade. La statue se lève, et
invite don Juan à venir à son tour souper avec elle. Don
Juan accepte et promet d'être exact au rendez vous. La statue sort et don Juan l'accompagne l'épée à la main.

SCENE XI.

Don JUAN, SCARAMOUCHE.

Don Juan, après le départ de la statue, cherche partout
Scaramouche, qu'il trouve enfin sous la table, occupé à finir

son repas. Il lui dit que la statue est partie ; qu'elle l'a invité à souper, et qu'il est décidé à se rendre à cette invitation. Il sort en recommandant à son valet de se tenir prêt à l'accompagner.

SCÈNE XII.

SCARAMOUCHE, ensuite les Convives.

Scaramouche, enchanté du départ de son maître, se met à table et se régale à son aise. Il imite d'une manière burlesque la scène qui a eu lieu entre don Juan et la statue. Il entend les convives dans la chambre voisine et veut leur jouer un tour. Il s'affuble d'une nape, et, se plaçant sur deux chaises, il imite la statue.

Les convives n'entendant plus de bruit, rentrent doucement et se disposent à traverser le salon, en se rassurant mutuellement. Mais ils aperçoivent Scaramouche, jetant un cri d'effroi, et se sauvent précipitamment. Scaramouche saute à terre, et les poursuit en se moquant d'eux.

SCÈNE XIII.

SCARAMOUCHE.

Après avoir rempli une serviette des débris du repas, il sort, en indiquant qu'il va chercher un endroit où il puisse dîner tranquillement.

SCÈNE XIV.

Don JUAN, SCARAMOUCHE.

Le Théâtre change et représente un intérieur où l'on aperçoit plusieurs tombeaux au fond et sur les côtés,

Don Juan entre avec courage dans ce lieu d'un aspect lugubre et solennel. Scaramouche essaie de détourner son maître de l'exécution de son projet, mais ses efforts sont inutiles. Don Juan persiste dans son dessein.

SCENE XV.

Les Précédens, la Statue, Ombres, Génies infernaux.

La Statue paraît. Elle annonce à don Juan que l'heure de son châtiment approche, et l'engage à se repentir. Don Juan repousse ces exhortations avec mépris. La Statue l'invite alors à la suivre. Il s'y dispose. Les tombeaux s'ouvrent, et on en voit sortir les ombres des femmes qui ont été victimes des perfidies de don Juan. En même temps la terre s'ouvre; il en sort des Génies infernaux qui s'emparent de don Juan.

Scaramouche, tourmenté par les Génies, s'accroupit sous son manteau. Un Génie enlève le manteau; mais Scaramouche n'est plus dessous. Il a disparu.

Les Génies infernaux entraînent don Juan. Ils s'engloutissent avec lui et la Statue, tandis que les ombres rentrent dans leurs tombeaux.

SCENE XVI ET DERNIÈRE.

Le Théâtre change et représente l'Enfer.

Don Juan et Scaramouche, livrés aux Génies infernaux, sont tourmentés par eux de mille manières, et la toile tombe sur ce tableau effrayant.

FIN.

On trouve chez le même libraire un grand Assortiment de pièces de théâtre anciennes, et généralement toutes les pièces nouvelles.

CATALOGUE DE QUELQUES PIÈCES DONT IL EST L'ÉDITEUR.

Vingt-Cinq pour Cent, vaudeville en un acte.
La Demoiselle de Compagnie, vaudeville en un acte.
Le Caissier, mélodramme en trois actes.
Non, vaudeville en un acte.
Les Paysans, ou l'Ambition de Village, vaudeville en un acte.
Midi, ou l'Abdication d'une Femme, vaudeville en un acte.
La Fille du Musicien, drame en trois actes.
L'Ami intime, vaudeville en un acte.
La Vieillesse de Frontin, vaudeville en un acte.
L'Amour et la Guerre, vaudeville en un acte.
Une dernière Heure de Liberté, vaudeville en un acte.
La Jambe de Bois, mélodrame en trois actes.
Le Brelau d'Amoureux, ou les Trois Soufflets, vaudeville en un acte
Jocko, ou le Singe du Brésil, drame en deux actes.
Les Deux Tailleurs, ou la Fourniture et la Façon, vaude-ville en un acte.
Les Lorrains, vaudeville en un acte.
Six Mois de constance, vaudeville en un acte.
Le Mariage par commission, ou le Seigneur Allemand, opéra comique en un acte.
Les Deux Cousins, vaudeville en trois actes.
Le Grenadier de Fanchon, vaudeville en un acte.
La Folle pour rire, vaudeville en un acte.
Ma Femme se marie, vaudeville en un acte.
Pinson Père de Famille, vaudeville en un acte.
La Croix d'Honneur, ou le Vieux Soldat, vaudeville en un acte.
Les Habits d'Emprunt, vaudeville en un acte.
Les Mariages par Circonstance, comédie en un acte.
Catherine, ou la Fille du Marin, vaudeville en un acte.
Blanche et Isolier, vaudeville en un acte.

Le Carrousel, ou le Musée en boutique, vaudeville en un acte.

Les Deux Officiers, vaudeville en un acte.

Le Tableau de Teniers, ou l'Artiste et l'Ouvrier, vaudeville en un acte.

Les Trois Aveugles, vaudeville en un acte.

L'officier et le Paysan, opéra comique en un acte.

La Tante et la Nièce, ou c'Etait Moi, vaudeville en un acte.

Le Propriétaire à la Porte, comédie en un acte.

L'Avocat te le Médecin, vaudeville en un acte.

Alfred, ou la Bonne Tête, vaudeville en un acte.

Les Emprunts à la Mode, ou le Négociant sans Patente, vaudeville en deux actes.

Le Château Perdu, ou le Propriétaire supposé, vaudeville en un acte.

Le Grenier du Poète, vaudeville en un acte.

La Famille du Capitoul, mélodrame en trois actes.

Ourika, ou l'Orpheline africaine, drame en un acte.

La Place du Palais, mélodrame en trois actes.

La Vivandière, mélodrame militaire en un acte.

L'Hôpital Militaire, mélodrame en un acte.

Les Petites Saturnales, vaudeville en un acte.

Félix et Roger, vaudeville en un acte.

Les Personnalités, vaudeville en un acte.

Thibault et Justine, vaudeville en un acte.

Léonide, ou la Vieille de Surenne, vaudeville en trois actes.

M. Bonnaventure, vaudeville en un acte.

La Neige, ou l'Eg nard de campagne, vaudeville en un acte.

Le Conscrit, vaudeville en un acte.

Le Valet de Chambre, opéra comique en un acte.

Le Comédien de Poitier, vaudeville en un acte.

La Chasse au Renard, comédie-vaudeville en un acte.

Mon Ami Christophe, comédie vaudeville en un acte.

Polichinelle aux eaux d'Enghien vaudeville en un acte.

Le Marchand d'Amour, vaudeville en un acte.

M. Bonnefoi, ou le Nouveau Menteur, vaudeville en un acte.

La Servante justifiée, vaudeville en un acte.

L'Anti-Chambre d'un Médecin, vaudeville en un acte.

Les Femmes et le Secret, vaudeville en un acte.

La Vieille Femme calère, vaudeville en un acte.

www.ingramcontent.com/pod-product-compliance
Lightning Source LLC
LaVergne TN
LVHW051345200726
843510LV00002B/833